まよったときの
大ヒント

本書は、ビブリオマンシー(書物占い)です。
ビブリオマンシーの起源は、聖書とされ、
ひらいたページのなかの言葉を、
ご神託として受け取るというものだったようです。
ペンギンが占うこの本は、気軽に試せる「ヒント本」です。
心のなかに浮かんだ問いを、風にきくように、
楽しく使ってみてください。

つかいかた

まよったとき、なやんだときに、

1. 知りたいことを頭に思い浮かべて
2. パッと本を開く
3. そこにこたえが書いてある（たぶん）

「こたえ」は、直接的なものでないことが多いので、
言葉のしめす意味を大きくとらえて、
あなたの好きなように解釈してください。

質問例いろいろ

「今日はどんな日になる?」

「あの人は私のことをどう思っている?」

「週末、どんなことが起こる?」

「彼と私がうまくいくために、心がけることは?」

「仕事のトラブル、どう乗り越えればいいの?」

「苦手なあの人と、どう付き合えばいい?」

「どうすれば恋人ができますか?」

「夏休みの過ごし方のヒントをください」

絵と文 坂崎千春

連 絡

思いがけない知らせが届く　まめに連絡する

信頼

順調

マジック

ミラクルなできごとが起こる　サプライズを計画する

居場所

安心

憧れ

夢を持つ　理想の人に出会う

自立

独立する　依存するのをやめる

警戒

注意深く物事を進める　判断をいそがない

自由気まま

スタート

新しいことが始まる　成長していく

すてきな
出会い

ギフト

発見

大事なことに気づく　隠されている事実を知る

アイデア

よい案が浮かぶ　ひらめきを大切にする

マイペース

尊敬

大きくて広い心の持ち主　どんなときも全力を尽くす

大丈夫

そっと見守る　先のことを心配しすぎない

シンパシー

波長が合う　気持ちを感じとる

片思い

恋をする　気持ちを伝える

大事

身近にいる大切な存在　ていねいに扱う

小さな幸せ

心を許す

ストップ

立ち止まって考える　続けていたことをやめる

マッサージ

からだをほぐす　心をほぐす

シャンプー

気分転換の方法を見つける　身なりを整える

並ぶ

対等の関係　一緒に行動する

流れに
身を任せる

地 道

喜び

よい知らせ

ソウルメイト

甘える

身近な人に頼ってみる　弱さをさらけ出す

追いかける

好きなことを見つける　好奇心のままに進む

はじける

ミステリアス

休息

目標

目標を立てる　同じ夢を目指す

悩みの種

悩みの正体を明らかにする　じっと考える

なでる

動物とふれあう　他人と交流する

様子を見る

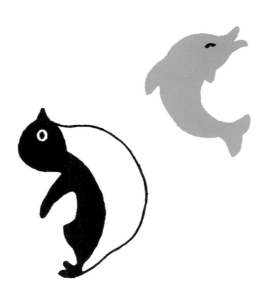

楽しい

楽しむ　楽しいほうへ進む

未来

先を見る　現在は未来につながっている

競う

競争を楽しむ　よいライバルの存在

めまぐるしい
変化

真面目

宝 物

自分だけの宝物を見つける　価値を見いだす

再会

ふたりの時間

だらける

何もしないという贅沢　リラックスする

ダンス

頭を空っぽにして動く　からだの声を聞く

愛する

学ぶ

まねをして学ぶ　憧れの存在に近づく

少し離れる

秘密

誰にも言わない　思いを胸に秘める

幸運

違和感

小さな違和感を見逃さない　一度立ち止まってみる

トラブル

スムーズ

飛躍

ライバル

気になる存在に出会う　お互いを高め合う

議 論

クール

年下

年下の意見を取り入れる　年下の友だちをつくる

山あり谷あり

ハグ

眠る

遊ぶ

耳を傾ける

けんか

自分の気持ちを正直に言う　ぶつかりあって絆が強まる

仲直り

仕切り直す　気持ちが通じ合う

多様性

違いを楽しむ　異文化に触れる

観察

驚き

風に乗る

敵対

前を向く

見守る

ハロー

新しい場所　新しい出会い

別れる

別の道を進む　すれ違う

味方

未知

愛でる

愛して大切にする

ほどよい距離

成功

勇気

大好き

金運

金運がアップする　ごほうびをもらう

仕事

好きな仕事を見つける　いい仕事をする

収穫

ものごとがうまく進む　成果をあげる

楽観的

ものごとの明るい面を見る　今現在に集中する

泳ぐ

すいすい進む　水に親しむ

姿勢を正す

仲間

プライド

誇りを持つ　自分を大切にする

タッチ

関わりを持つ　五感を大事にする

まかせる

相手の好きなようにさせる　信頼してゆだねる

勢いよく進む

積極的

自分から進んで働きかける

満たされる

ありのままでいる　素直になる

絵の名前

6 P	カモメとペンギン	56 P	アライグマとペンギン II
8 P	ネコとペンギン	58 P	ペンギン座りのネコとペンギン
10 P	ゾウとペンギン	60 P	イカとペンギン
12 P	ハトとペンギン	62 P	微生物とペンギン
14 P	パンダとペンギン I	64 P	雪虫とペンギン
16 P	ロバとペンギン	66 P	蝶とペンギン II
18 P	クマとペンギン	68 P	あひるとペンギン II
20 P	ミーアキャットとペンギン	70 P	羊とペンギン
22 P	キツネとペンギン	72 P	子羊とペンギン
24 P	蝶とペンギン I	74 P	イルカとペンギン I
26 P	尺取虫とペンギン	76 P	コウモリとペンギン
28 P	あひるとペンギン I	78 P	ダックスフントとペンギン
30 P	貝とペンギン	80 P	柴犬とペンギン
32 P	ラッコとペンギン	82 P	リスとペンギン I
34 P	ハチドリとペンギン	84 P	垂れ耳うさぎとペンギン
36 P	カメとペンギン	86 P	アシカとペンギン
38 P	シロクマとペンギン	88 P	イルカとペンギン II
40 P	うさぎとペンギン I	90 P	サイとペンギン
42 P	エトピリカとペンギン	92 P	うさぎとペンギン II
44 P	ツノメドリとペンギン I	94 P	ネズミとペンギン
46 P	文鳥とペンギン I	96 P	トナカイとペンギン
48 p	文鳥とペンギン II	98 P	カタツムリとペンギン
50 P	文鳥とペンギン III	100 P	ウミガメとペンギン
52 P	バクとペンギン	102 P	パンダとペンギン II
54 P	アライグマとペンギン I	104 P	パンダとペンギン III

106P ツノメドリとペンギンII	156P カマキリとペンギン
108P ツノメドリとペンギンIII	158P カニとペンギン
110P ツルとペンギン	160P スズメとペンギン
112P シマウマとペンギン	162P ヤドカリとペンギン
114P てんとう虫とペンギンI	164P カモとペンギン
116P てんとう虫とペンギンII	166P ハムスターとペンギン
118P アリとペンギンI	168P ハリネズミとペンギンI
120P アリとペンギンII	170P ハリネズミとペンギンII
122P カバとペンギン	172P シカとペンギン
124P プランクトンとペンギン	174P ホタルとペンギン
126P カラスとペンギン	176P ライオンとペンギン
128P カンガルーとペンギン	178P トイプードルとペンギン
130P イグアナとペンギン	180P サカナとペンギンI
132P リスとペンギンII	182P サカナとペンギンII
134P ラクダとペンギン	184P サカナとペンギンIII
136P コアラとペンギン	186P カエルとペンギンI
138P 眠るネコとペンギン	188P カエルとペンギンII
140P 跳ぶネコとペンギン	190P ミミズクとペンギンI
142P オウムとペンギンI	192P ミミズクとペンギンII
144P オウムとペンギンII	194P 馬とペンギン
146P オウムとペンギンIII	196P アルパカとペンギン
148P タコとペンギン	198P テリアとペンギン
150P モグラとペンギンI	200P イノシシとペンギン
152P モグラとペンギンII	202P ウリボウとペンギン
154P トンボとペンギン	204P アザラシの赤ちゃんとペンギン

ペンギンうらない

2018年8月21日　第1版第1刷発行

著　　者　**坂崎千春**

発 行 者　山本周嗣

発 行 所　**株式会社文響社**
　　　　　〒105-0001
　　　　　東京都港区虎ノ門2-2-5 共同通信会館9F
　　　　　ホームページ　http://bunkyosha.com
　　　　　お問い合わせ　info@bunkyosha.com

デ ザ イ ン　佐藤亜沙美

印刷·製本　**中央精版印刷株式会社**
　　　　　日本ハイコム株式会社

本書の全部または一部を無断で複写（コピー）することは、著作権法上の例
外を除いて禁じられています。購入者以外の第三者による本書のいかなる
電子複製も一切認められておりません。定価はカバーに表示してあります。

©2018 by Chiharu Sakazaki
ISBNコード：978-4-86651-076-7 Printed in Japan
この本に関するご意見·ご感想をお寄せいただく場合は、郵送または
メール（info@bunkyosha.com）にてお送りください。